Luis William Segura

Suspiros Profundos

Luis William Segura

Suspiros Profundos

Suspiros del Alma

JustFiction Edition

Imprint
Any brand names and product names mentioned in this book are subject to trademark, brand or patent protection and are trademarks or registered trademarks of their respective holders. The use of brand names, product names, common names, trade names, product descriptions etc. even without a particular marking in this work is in no way to be construed to mean that such names may be regarded as unrestricted in respect of trademark and brand protection legislation and could thus be used by anyone.

Cover image: www.ingimage.com

Publisher:
JustFiction! Edition
is a trademark of
Dodo Books Indian Ocean Ltd. and OmniScriptum S.R.L publishing group

120 High Road, East Finchley, London, N2 9ED, United Kingdom
Str. Armeneasca 28/1, office 1, Chisinau MD-2012, Republic of Moldova, Europe
Printed at: see last page
ISBN: 978-620-6-74311-8

Suspiros Profundos

Luis William Segura Palacios

Sinopsis

Vive cada momento, cada instante y cada segundo como si fuera el ultimo al lado de esa persona, nunca se sabe cuando pueda terminar todo. Nunca se sabe cuándo será el último beso, el ultimo abrazo o la última mirada, ¡¡así que disfruta!!, trata de dejar recuerdos hermosos, que al final de todo es lo único que queda, después de eso, solo podrás suspirar después de recordarlos.

Agradezco a todas las personas que le sacaron un suspiro a mi vida, en especial a Viviana, Michel y a Marlene que fueron mi principal inspiración para escribir este libro. De igual manera agradezco a Mamá, a Papá, a mami Rosa, a tía Yuli y mis amigos que siempre me han apoyado. ¡Gracias¡

Gracias a cada sofá, a cada silla, a mi cama donde me senté a escribir cada vez que mi alma lo pedía a gritos. ¡Gracias también a ti mi Dios, contigo todo, sin ti nada¡

Ah, por cierto

¡siempre habrá un mañana para olvidarse de todo y empezar de nuevo¡

"No dejes de creer el amor, aunque te fallen un millón de veces, recuerda que el ultimo puede ser el verdadero".

Indice

DE PARTE DEL CORAZÓN

Desde aquel abril que te fuiste para ya no volver, mi corazón y yo hemos pasado por momentos difíciles, la verdad ya nada es igual, no es por exagerar pero todo es gris ahora que no estás, ya nada es lo mismo sin ti, con decirte que aquella canción que antes escuchábamos juntos, ¡si aquella!, esa que escuchábamos todas las mañanas al despertarnos, esa que nos encantaba demasiado, esa ya no suena igual que cuando estabas tu, los pájaros, las calles, todo, absolutamente todo ha cambiado. ¡Te extraño!, te extraño tanto que mi alma me pide verte y abrazarte con el amor que llevo dentro de mi corazón, ¡por cierto!, mama extraña que vayas a la casa, dice que eres su mejor amiga y que no hay otra mujer perfecta para mí. Me ha sugerido que te busque y que luche por ti, no sabes cuánto mama te quiere, yo también te quiero. -Como te decía-, todo ha cambiado, las calles por donde pasábamos tomados de la mano, esas calles que estaban llenas de felicidad ahora parecen un sótano oscuro, no sé, al menos eso creo, quizás esté igual de feliz y se yo quien las vea así.

¿Te acuerdas de la cafetería donde íbamos todas las mañanas?, ¡si aquella! Sabes el café ya no es igual, creo dona jazmín no está bien el café le queda muy amargo, no sé, creo que no iré más allá porque siempre que voy salgo muy mal, ¿sabes porque?, porque ese lugar siempre me acuerdo de ti, de todos los besos que me diste, de los millones de te quiero que nos decíamos cada vez que nos mirábamos, la verdad creo que doña jazmín no está mal, el que está mal soy yo. Y creo que sí porque mis amigos me lo han dicho muchas veces, me hacen ver que el mundo está igual que antes y aun mejor, solo que soy yo el que ha cambiado.

Hola, hola, esta hay. <<Si>>, sé que es incómodo y te pido disculpas por haberte llamado a esta hora, sé que es muy tarde y tal vez te encuentres con él, ¡si con él! De veras lo siento, yo no quería molestarte, la verdad no tenía ni la más mínima intención de hacerlo, pero créeme, fue el corazón que me insistió tanto. Me suplicó que lo hiciera porque quería saber cómo estás, estaba tan preocupado por ti, se moría de ganas por escucharte, aunque fuera solo por unos minutos. Me pidió que lo hiciera y me amenazó diciéndome que si no lo hacía iba a suicidarse, estaba hablaba muy enserio, lo conozco y sé que es capaz de hacerlo. él siempre me dice que ya no hay nada que perder, que ya nada tiene sentido. Ahora lo entiendes, ahora ves porque lo he hecho, lo hiciese porque tenía mucho miedo, porque no tenía más opción que, coger el teléfono y llamarte.

Dime que hago, como le explico que ya no estás conmigo, que te has ido para siempre y que ya no volverás, dime cómo hacer para calmarlo, para reanimarlo porque últimamente lo he sentido muy desanimado, con ganas de no vivir. Lo he encontrado ya muchas veces tratando de tirarse al vacío para quitarse la vida.

-si dime- << mira lo nuestro ya se acabó entiéndelo, por favor ya no me llames más yo ya hice mi vida con otra persona, tú debes de hacer lo mismo, tu y yo ya no somos nada, entiéndelo por favor >>. ¡mmm, si, si lo sé, lo sé. Sé que tú y yo no somos nada, pero que hago, es mi corazón entiéndeme por favor, me ha suplicado que te llame y te preguntara como estas, que como has pasado, que si aún lo amas o ya lo has olvidado, que si aún piensas en él como él lo hace por ti, que si te acuerdas de todos los momentos felices que pasamos, de todas las noches que vimos las estrellas desde tu cama, por esa ventana por donde entraban los rayos del sol; los cuales nos despertaba todas las mañanas, de todas esas veces que nos vimos a escondida y nos excavamos para estar juntos y amarnos como nos gustaba hacerlo. dime ¿te acuerdas de la primera vez que hicimos el amor? Cuando bese cada parte de tu piel, cuando tu corazón y el mío se aceleraron al mismo tiempo.

-ah entiendo-, de verdad lo siento, no quiero sonar tan insistente, pero es algo urgente, es algo de vida o muerte se trata de mi corazón, este corazón que se está muriendo por ti, que está tan deprimido porque no está a tu lado, que está muy confundido porque no ha sabido nada de ti. Este loco corazón que no puede olvidarte y que, aunque ha pasado el tiempo no ha dejado de amarte, este corazón que te extraña, que si tú supieras cuanto te extraña quizás lo entendería y no lo juzgarías como lo estás haciendo ahora, porque eres tan cruel, porque no puedes entender que te amo, que eres el amor de mi vida, que mi corazón te necesita, yo te necesito.

Vuelve por favor, vuelve que te necesito, vuelve que aún no he encontrado la salida, que aún no encuentro la luz de esta oscuridad, que aún no encuentro salida de estos estos recuerdos que me matan de a poco, de este mundo extraño en el que me has dejado, de esta soledad que se apodera de mi cuerpo. Amor, los días se me hacen eternos sin ti, por las noches ya no puedo dormir, me da mucho miedo, es que a tu lado me sentía muy protegido y fuerte, y ahora que no estas me siento tan débil; sin tus besos, sin tus abrazos, ahora me siento tan solo en esta casa tan vacía que solo se escucha los ecos de tu voz, donde te lloro en silencio en cada rincón de la casa al ver tu fotografía.

Como te extraño, te extraño demasiado, extraño tus besos, tus caricias, ¡como tienes que colgar ¡no por favor no lo hagas, no me dejes otra vez, déjame escuchar tu voz unos minutos más, no por favor, no, no te vayas otra vez, ¡NO ¡tuuuuuuuuuuuuuuuu

. Lo siento corazón lo intente, pero se fue otra vez, tienes que ser fuerte. Saldrás de esta, te lo prometo.

APARTAMENTO 38

Hay estaba yo, viéndola como un tonto enamorado, y ahí estaba ella, hermosa como siempre. Salía de casa de camino al trabajo como siempre, la misma rutina de todos los días. Esa mañana no había amanecido de buen genio, ya estaba cansado de lo mismo, madrugar, madrugar y madrugar. Me levanté de la cama casi dormido, me dirigí al baño a darme una ducha, Salí me dirigí al armario me puse ropa; un pantalón negro, una camisa blanca la cual tenía estampada la cara Barak Obama, unos tenis negros y una gorra blanca, y... ¡Ah por cierto!, también me puse los audífonos en los cuales echaba la canción MEMORY DE MAROON 5.

Me entretuve tanto que no me había dado cuenta que el tiempo había pasado y ya era muy tarde, así que salí corriendo como flash. Mientras bajaba la escalera pensaba que me diría el jefe, ya me lo imagino diciéndome,

- como siempre el señor llegando tarde, voy a tener que castigarlo a ver si así aprende un poco. O deja de llegar tarde o se larga para su casa -

Ya me lo imagino, bueno. ¡Hay que torpe!, como van entender sobre el cuento de las escaleras si ni siquiera les he dicho donde vivo y estoy seguro que se lo están preguntando, en lugar donde vivo es un pequeño apartamento el cual tiene 40 cuartos, de tres pisos, el número de mi cuarto es el 37, no es muy cómodo pero por algo se empieza, bueno, En fin como les decía, al salir de allí me fui a coger el bus cinco cuadras más adelante, les confieso que ya estoy cansado de esto, como quisiera tener mi carro propio, lo único que me gusta de caminar hasta coger el bus es cuando la veo a ella, que hermosa, como me encantaría que la vieran, les apuesto que dirían lo mismo que yo. Aún no sé cómo se llama, pero sé que algún día lo sabré.

Ella trabaja en la en la farmacia que queda a tres cuadras, es allí donde me retraso 5 minutos más y creo que esa es la razón por la cual siempre llego tarde al trabajo. y como hago para disimular y Para que ella no se dé cuenta de que me quedo allí solo para mirarla, pues sencillo, siempre hago que me amarro los pasadores de los zapatos, ¡si ya lo sé!, pero fue lo único que se me ocurría en esos momentos, apuestos que ustedes también hubieran hecho lo mismo, además no estaba tan mala la idea porque al parecer está funcionando muy bien o al menos eso creía.

sigamos, después de esos dulces e inolvidables cinco minutos, cogí el bus y me fui al trabajo. Aburridamente este bus se demora veinte minutos en pasar por la empresa donde trabajo, ya se imaginan lo aburridor y estresante que es eso. Veinte minutos sentados en un bendito bus, escuchando la bulla de otras personas, insisto tendré que comprar mi carro. En medio de tanta bulla, dije -está bien, esto es algo momentánea, ya pasara, así que cerré mis ojos, le subí el volumen a la música y lo mejor; me puse a pensar en ella. Así no se me haría tan aburrido el viaje. Veinticinco minutos más tarde llegué al trabajo, salude a mis compañeros muy amablemente y me fui a mi puesto de trabajo e imagínense que, mi jefe estaba allí, solo vieran su cara parece un perro pitbull cuando está enojado, trate de mirarlo, pero no pude, ya sabía lo que me esperaba, y como les había dicho lo que me diría, aquí va.

- como siempre el señor llegando tarde, voy a tener que castigarlo a ver si así aprende un poco. O deja de llegar tarde o se larga para su casa -

-Se los dije-. Ese señor me dio cantaleta todo el día, ni mi madre había regañado de esa manera, no veía la hora de que llegara el momento de ir nos para salir corriendo de allí. Como a pedir de boca llegó ese momento y sin pensarlo salí corriendo, pero, otra vez el mismo delirio del bus, pero la verdad prefería eso a estar escuchando a él gruñón de mi jefe. Mi ánimo estaba casi en el piso, caminaba ya porque quería llegar a casa para acostarme a dormir. Ya iba por la tercera cuadra, ya se imaginar que pasaría allí, al acordarme me detuve un rato y levanté la mirada hacia la farmacia,-por lo general ella no suele estar a esa hora allí-, pero imagínense que, esta vez sí estaba, qué había pasado, me pregunté a mí mismo. Quería acércame a preguntarle porque aún seguía en la farmacia si ya era demasiado tarde, pero, no me atrevía. Tenía mucho miedo, pero en el fondo algo de mí me gritaba - ve, ve acércate, es el momento que tanto has estado esperando, animo campeón es ahora o nunca -. Esa voz me llenó de aliento, así que, fui donde estaba ella, con mucho miedo, pero fui.

Saben, no sabía qué decir. Solo me acerqué y lo único que hacía era mirarla, me decía en qué momento preguntara porque la miro tanto, y pues sí, me lo pregunto, con su voz toda sensual, como una dama que era, sus 26 años le quedaban muy bien. yo con mis nervios y como todo un caballero, lo primero que hice fue presentarme. Me llamo LUIS, es un placer. Y antes de que lo digas, sí, es cierto que no me conoce y ni siquiera sabe quién soy yo, pero yo sé bien quién eres tú. Te he visto muchas veces cada vez que paso por aquí, de hecho, vivo aquí en el apartamento que queda a dos cuadras, no sé si te has dado cuenta de que me paraba justo allí para mirarte. – ah conque tú eres el chico que se le desamarraron los pasadores todos los días el mismo lugar, "ya decía yo", algo no estaba bien - si soy yo el mismo y estoy más que seguro que eres tú. Tu bello rostro no se me puede olvidar, tu risa, tu pelo, tu cuerpo, es difícil de hacerlo y aún más que solo me la pasó imaginándome contigo, - así, y que es lo que te imaginas- pues besándote, abrazándote y haciéndote el amor, ¿estás loco verdad? ja ja, si, si estoy loco, la verdad que estoy loco por ti, y más ahora que te tengo de frente, cerca de mí, te ves tan hermosa, tan radiante. ¡Wau ¡no tengo palabras para describirte todo lo que estoy sintiendo ahora. Me gustas y no te imaginas cuánto. Mira tal vez esto te suene atrevido, descarado, absurdo, pero sé que te va a gustar, - escápate conmigo- ¡que ¡que te escapes conmigo, te propongo una aventura extraordinaria, ben y disfrutemos este momento tan maravilloso, vamos, cierra los ojos e imagina lo bien que la vas a pasar. – ja ja, no me hagas reír, tú eres un niño - sí, pero este niño puede hacerte sentir toda una mujer, y no es por presumir, pero soy bueno, demasiado bueno. Así que tú solo deja que yo haga todo, no digas nada, ni hagas nada, tu solo olvídate del tiempo, de todas las cosas malas que puedan pasar, y lo mejor, olvídate que soy menor que ti.

Olvídate y solo ven aquí, olvida los recuerdos que no están, ven vivamos en este momento maravilloso que se da, ven hagamos de este sueño una realidad. Llámame loco, atrevido, pervertido, pero qué más da, si eres tú lo que deseo. Ahora dime, te atreves. Yo sé que es la primera vez hablamos, pero como dicen por ahí los momentos son momentos y hay que aprovecharlos. No sabes las ganas que tengo de verte desnuda y hacerte el amor, ansioso por sentir esa pasión al momento de juntar nuestros cuerpos. ¿Qué te parece si lo hacemos de sol a sol, sin desperdiciar ni un minuto de nuestro tiempo, hasta dejar la última gota de sudor en la cama? no te arrepentirás, te lo aseguro.

No tengas miedo solo olvídate de todo aquellos, de lo que digan los demás, olvídate de todo corazón que te voy a llevar a un lugar especial, donde te voy a enseñar de lo que soy capaz, que este niño tiene la capacidad de erizar tu piel.

¿Aceptas?

- Uh, eres muy atrevido, pero, me encanta que lo seas. Acepto tu propuesta, mira te espero en la habitación 38, si el mismo apartamento donde vives, a las 11. Vamos a ver si es verdad todo lo que dices sabes hacer, espero no arrepentirme niño – no, no te arrepentirás te lo prometo. - está bien, entonces nos vemos a las 11pm –

Que tal, aquí estoy justo como quedamos-

- Está bien pasa, ponte cómodo –
- Ok gracias –
- Desea algo para tomar-
- No gracias, así estoy bien –
- Ok, ven sígueme –
- Aja –
- Pues, aquí estoy soy toda tuya, hazme todo lo que me dijiste hace un momento –
- Permíteme –
- No eres tan malo eh –, - te lo dije, lo estas disfrutando verdad –
- sí, lo estoy disfrutando - ¡te lo dije ¡te dije que lo ibas a disfrutar -

-Sabes aun no deje de pensar que eres un niño-

- ya olvídate de eso, olvídate que soy menor que ti, olvídate y solo disfrútalo –

- ok-

¡una aventura, es probar algo desconocido

Puede que te guste, o tal vez no.

Igual hay que arriesgarse ¡

SU AMOR POR SIEMPRE

De vuelta a casa, nuevamente con el corazón partido en mil pedazos. Otra vez la misma rutina de siempre, llorar y nada más que llorar. era tan grande su dolor que en sí mismo decía:

<<como quisiera acabar con esto de una buena vez para no sentir este dolor que me está acabando por dentro, ¡por favor que alguien me ayude!, que alguien me diga como arrancar este dolor de mi pecho, ¡por favor ¡>>.

El, gritaba desesperadamente mientras miraba hacia el cielo, mientras lo hacía lágrimas caían de sus ojos, lágrimas de dolor si veían en su rostro que se veía tan demacrado de tanto llorar, estaba totalmente desfigurada, ya casi parecía un zombi. Estoy más que seguro que ni su propia madre lo reconocería en estos momentos. El ya no es el mismo de antes, ha cambiado demasiado desde el día en que su amada partió de este mundo, desde que tomó ese vuelo para ya nunca más regresar. Ese día su vida cambió por completo. Hasta ahora se pregunta porque ya no está a su lado, si una vez le juró que estaría a su lado por siempre, aun no lo puede asimilar por completo, cree que es un sueño, un terrible sueño del que quisiera despertar de inmediato.

<< no es justo, deberías de haberme llevado contigo, porque me dejaste solo, ahora que hago sin ti, no sé qué hacer sin ti. Amor te extraño, te extraño demasiado mi amor. Ya ha pasado un año desde tu partida, no sabes cuánto te he echado de menos, si supieras que ya no es lo mismo sin ti, ya nada es igual. Las mañanas son tan aburridas y desoladas como los desiertos, las noches son tan frías como los hielos de los polos. La casa, nuestra

casa, se ve tan inmensa sin ti, y nuestra cama donde nos entregamos con el amor más puro que puede existir en este mundo. Si la vieras ahora, no creerías que fuera la misma. ¡AMOR ¡nunca voy a olvidarte, y por más lejos que estés no dejaré de amarte, pensaré en ti, aunque me cause sufrimiento, y recordaré cada uno de los momentos que pasamos juntos. Tu siempre serás mi niña, mi princesa, mis ojos, mi sol, mi luna, siempre serás la mujer de mi vida. Te amo >>.

¡esas son las palabras de Erick al recordar todas las noches a su amada ¡aquella que una vez amó y que tuvo a su lado, y por cosas del destino... tuvo que partir hacia otra vida. Desde aquel día todas las noches suele salir de casa hacia un lugar apartado, donde no haya mucho ruido para poder hablar con su amada. Pero, cada vez que lo hacía no encontraba respuesta alguna y eso lo desmotivaba, llegaba a casa triste, sin ganas de vivir, era tan difícil seguir así. Pero a pesar de eso él siempre volvía al mismo lugar. Y hoy no sería la excepción. 7 pm de la noche, - ya es hora – dijo él en voz alta. Muy alegremente se fue a su armario y se puso su mejor traje, se echó el mejor perfume que tenía; el que le gustaba a ella, mientras lo hace se mira al espejo, y con una sonrisa en su rostro dice, ¡espero que hoy sea el día en que te pueda ver mi amor ¡.

Sale de casa sonriente, muy sonriente; Él sabe que es una ocasión muy especial, así que no debería estar triste. Caminaba muy despacio, pero a la vez muy ansioso que de lejos se le podía notar, así como se podía su nerviosismo y su impaciencia. Después de unos varios minutos de caminar, él, ya estaba a punto de llegar aquel lugar, estaba prácticamente a unos 10 pasos, fue allí que se detuvo al sentir que su corazón se aceleraba, que latía demasiado rápido y fuerte, sentía un dolor el cual no sabía si era de alegría o estaba demasiado asustado, al pensar que volvería a pasar lo mismo de siempre.

¡qué pasaría! la pregunta que se paseaba por su mente, la verdad no lo sabía, lo único que sí sabía era que tenía mucho miedo. Pero sus ganas de hablar con ella eran más fuertes y podían con cualquier cosa, así que, tomó mucho valor y se dirigió hacia el lugar, se sentó en aquel banco donde solía sentarse siempre, respiro profundo, miro al cielo y dijo. – Aquí estoy mi amor, he venido a decirte que te extraño, que me haces mucha falta. Mi amor no sé qué hacer sin ti, quisiera tomar ese vuelo que me lleva a donde tu estas y así poder estar a tu lado, para que cumplamos nuestro sueño de siempre estar juntos. AMOR, amor dónde estás, déjame verte, déjame ver la luz de tu sonrisa que expresas por medio de esa estrella, por favor háblame. El empezó a desesperarse, a llorar, a gritar como un loco al ver que no salía. Se preguntaba por qué, porque si habían quedado en verse hoy, pero no fue así, otra vez no pudo verla, ni hablar con ella, otra vez regresó a casa con el corazón hecho pedazos, otra vez como todas las noches.

Erick no aguanto más, era demasiado dolor, así que decidió tomar la decisión de comprar un pasaje con destino al lugar donde estaba su amaba.

Terminó con todo eso de una vez, el, ahora está con su amada como se lo prometió, juntos por siempre.

¡hay amores que nos llenan por completo,

Eso amores que son irremplazables ¡

SU VESTIDO CORTO

Oh ¡que acaban de ver mis ojos, que dicha eh tenido de ver esa chica con ese vestido corto que la hace ver tan hermosa, que bien se ve con ese vestido que sin ninguna duda está hecho a la medida de su cuerpo; ese cuerpo que parece hecho con un pincel por algún pintor que se inspiró para diseñar tan hermoso cuerpo; con las medidas perfectas. ¡Oh Dios mío!, se te están cayendo los ángeles del cielo y no te has dado cuenta.

Al parecer a mí no es el único que ha impresionado, porque a muchos tiene la boca abierta, está causando un tráfico enorme, que impresionante. Lo tiene todo y ella lo sabe muy bien, sabe que luce de una manera increíble cuando camina, ¡válgame Dios ¡¿qué está pasando aquí? Ella suele dejárselo solo cubriendo la parte donde termina su enorme trasero, dejando mostrar sus piernas tan gruesas y suaves a la vez. Es que, si la vieras quizás entenderías todo lo que quiero decir, las palabras me quedan cortas para describirla. Se ve tan sensual, tan dama, tan deseo que inspira pasión solo con verla.

Puede decir que viniera de otro planeta, si de otro planeta. Ella, ella y su vestido corto, están hechos el uno para el otro.

LA CHICA QUE ME GUSTA

Solo basta verla para que mi mundo cambie por completo, para revolver mis emociones. No sé cómo lo hace, pero me hipnotiza. Me gusta demasiado que me vuelva loco solo con verme, me hace sentir un montón de cosas tales como, las mariposas en el estómago, las erizadas, instantáneas, las imaginaciones pasajeras, montones de cosas que quisiera salir corriendo a decirles.

Hoy la vi y estaba hermosa, tan hermosa, casi perfecta. Con esa sonrisa de ángel que tiene, me he quedado sin palabras, ¡Dios qué hermosa es!, Como me gustaría por lo menos ser su amigo, hablar con ella, reírnos y compartir momentos juntos. Daría todo por tocar sus manos, su lindo rostro, su pelo, su cuerpo. Como me gustaría besarla, abrazarla fuerte y entregarle todo lo que le he guardado aquí dentro de mi corazón, sí que me encantaría.

¡Hay otra vez, en el mismo lugar de siempre, ¿qué hago?, corazón dime que hago. ¿Dime ya ?, esta es la oportunidad perfecta, << vamos >> decídete. Sabes que ambos morimos de ganas de hablarle, no puedes negarlo, te he agarrado varias veces con la mano en la masa un par de veces, no puedes negarlo que te gusta si cada vez que la ves te quieres salir de mi pecho, es así o me equivoco.

Ella es alta, color canela, tiene unos ojos oscuros que parecen luna, unos ojos bien preciosos, una voz melódica, fina, glamurosa, ella tiene todo lo que un hombre desea tener y pues yo no soy la excepción, yo muero por estar con ella, es mi amor platónico, mi más grande ilusión, ella es todo lo que deseo, con la mujer que sueño todas las noches. Les mentiría si les diría lo contrario, la verdad es esa. Me gusta como camina... como mueve su cuerpo haciendo juegos con sus caderas, como mueve sus piernas al caminar, como le queda su ropa. ¡me gusta ¡me gusta ¡. Si por mi fuera la vería todos los días, no me cansaría de verla, sería mi pan de cada día, sería mi atardecer y mi despertar. Perdonen mi cursilería, pero, ustedes saben que un hombre ilusionado, enamorado no puede negar sus sentimientos y, eso es lo que yo hago.

Sé que no puedo tenerla, por eso solo me conformo con verla, por eso me voy todas las mañanas a sentar por el pasillo donde ella pasa., lo hago para satisfacer mi ansias y ganas de verla, para controlar los arrebato que ella le provoca a mi corazón, y la locura de mi alma. Algún día tendré el valor y le diré todo, mientras tanto, solo me deleitare viéndola.

AHORA

Ahora mismo estoy escuchando la canción que escuchábamos juntos, la de siempre... nuestra favorita, con la que bailábamos todas las noches como locos y reíamos a carcajadas, con esa que nos conocimos y nos hicimos novios. ¿Esa, te acuerdas? Pero sabes, esta vez no estoy feliz como solía estar contigo, esta vez estoy muy triste porque tú ya no estás. Antes la escuchaba tomado de tu mano mirando las estrellas y ahora la escucho tocándome el corazón porque me duele tanto. Que diferente me veo sin ti, que diferente se escucha la canción.

Ahora mismo estoy cantando el pedazo de la canción que nos sabíamos, aquel que decía que nos amaríamos y que estaría juntos toda la vida, nos encantaba tanto que lo cantábamos a todo pulmón sin importar que nos doliera la garganta, tú y yo éramos el dúo perfecto, no había comparación para unas voces tan melódicas como las nuestras. Tanto me acuerdo que ahora intento hacerlo solo, pero, no me sale igual que cuando estaba contigo, mis vos ha quebrado de tanto llorar y, necesita de la tuya.

Me duele pensar que ayer éramos dos locos enamorados y hoy somos dos enemigos desconocidos, ¿por qué tanto amor se convirtió en tanto odio, porque las promesas solo fueron palabras, por que pudo más la distancia que el amor, por qué? ¿Por qué no estás aquí si me dijiste que estarías? ahora veo que es verdad que dicen que uno no sabe lo que tiene hasta que lo pierde...y yo te perdí, ahora veo que el tiempo no da tiempo si no que se va y no vuelve... así como tú te has ido y aun no has vuelto, ahora quisiera verte, pero ya no puedo, tú ya no estas, estas tan lejos a ciento de kilómetros. Ahora mismo se está acabando esta canción y yo quede sin nada, solo con lágrimas en mis ojos y con dolor en mi corazón, ahora ya no queda nada y solo me queda decirte... adiós.

NO ME MIRES ASÍ

Ey, por última vez te digo, deja de mirarme así con tu cara de pervertida que puedes causarle ilusiones a mi memoria, me vas hacer creer que gustas de mi como yo gusto de ti. ¡ya basta ¡por favor ya deja de hacerlo que voy a pensar que tendré alguna oportunidad de estar contigo; cuando tú y yo sabemos que no es así, o acaso me equivoco. Por lo menos eso me ha hecho pensar todo este tiempo, dime si no es así, o caso tienes algo para decirme, si es así dímelo de una vez y acabemos con este misterio.

Ya van varias veces que lo haces, la otra vez en el sofá de tu casa fue lo mismo, te pregunte si porque me mirabas así y no me dijiste nada y solo te reíste, apoco te gusto, o te gusta jugar con mis emociones. Dime ya, vamos dime algo, no te quedes cayada que tu silencio me pone a dudar. Escucha, Te prometo que si sigues haciéndolo no responderé a lo que pueda pasar, no controlaré mis impulsos, no aguantaré más las ganas y te besaré, ¡y no es broma ¡sabes que soy capaz, lo sabes.

No sé, pero algo me dice que eso es lo que quieres, que te bese, ¿quieres que te bese verdad? por qué te ríes, te estoy hablando en serio, ¿quieres que te bese? ¡ah ¡entonces deja de hacerlo si no quieres tener un problema conmigo, ¡estás advertida! La próxima vez que lo hagas tomare tu mano, te jalare hacia a mí y te besare incansablemente que me odiaras o me amaras para toda la vida. Oye, te lo advertí ¡¿ahora, me amas o me odias?, << te amo, siempre te he amado. Las miradas que te daba eran señales para que pidieras que sea tu novia, bobo. Eres muy lindo y me gustas, estaba esperando ansiosamente este momento que me besaras >> yo también te amo, siempre te he amado, siempre. ¡loca¡.

SIN SENTIMIENTOS

Su vida era un completo desorden, lo había perdido y se había quedado sin nada. Había fracasado muchas veces, su mayor fracaso fue en el amor, alguien a quien él le entregó su corazón, le falló y lo abandonó solo. Desde entonces se volvió en una persona sin sentimientos, sin alegrías, si fue tanto que su corazón se llenó de amargura. Pasó el tiempo y el aún seguía tanto indefenso, tan deprimido que, la soledad se había adueñado completamente de él y sin darse cuenta lo está convirtiendo en su esclavo. Vivía tan apartado que ya no tenía amigos, se había alejado por completo de todo, pues ya no quería saber nada del mundo ni de lo que pasara a su alrededor, ya no quería por que le daba miedo vivir, le daba miedo la vida, le daba miedo todo. Le daba miedo porque él ya no sabía nada; sólo sabía de lágrimas y de penas.

Penas que ahogaba en unas copas de licor cada vez que tomaba para emborracharse y olvidarse de todo. Penas ahogaba en un montón de letras cada vez que le dolía el pecho y se sentía muy triste. ¡demasiado triste ¡. Su mundo se había vuelto diferente a los demás, un mundo lleno de oscuridad, de vacíos... de espinas. Pasaban días y días y él aún seguía así, pero un día era tan grande su dolor que sintió la necesidad de salir y conocer lo nuevo que había pasado durante su ausencia.

Sus esperanzas en el amor se habían acabado por completo, él creía que ya no volvería a enamorarse ni a sentir todas esas cosas que sintió una vez. Él sabía que su corazón estaba en cero, pero, no sabía que en esos momentos que volvió a salir iba a conocer al verdadero amor de su vida, a alguien que cambiaría su mundo por completo, que borraría sus penas, sus tristezas y cada una de esas cosas que lo agobiaban. Desde aquel día que salió, sintió la necesidad de hacerlo frecuentemente, en su salida siempre frecuentaba un lugar que le había gustado. Era un pequeño lago que quedaba muy lejos de su casa, era muy hermoso y un buen lugar para estar solo y hablar con Dios.

Una mañana como de costumbre él iba camino hacia el lugar de siempre, iba desanimado, cabeza abajo y caminaba muy despacio, aún estaba deprimido. Aún creía que nada valía la pena, pero el destino le tenía una gran sorpresa, una que le haría cambiar sus pensamientos. Allí en aquel lugar estaba sentada una chica que al igual que él también estaba pasando por lo mismo, y ese lugar la hacía sentir libre y la hacía olvidar de todas esas cosas.

El, ya a punto de llegar al lugar, levanta la cabeza y mira una chica que estaba sentada, se sorprendió mucho y dudo si ir o regresar, pero como eso ya lo había escrito el destino, algo lo impulsó hacerlo. Así que decidió ir, se acercó con mucho miedo, se sentó disimuladamente y la miraba hacia abajo, una y muchas veces más. Mientras lo hacía, ella lo miró y él sintió que algo recorría por todo su cuerpo, volvió a sentir las cosas que no había sentido por mucho tiempo. Su corazón volvió a palpitar, a sentir esos corren tasos que se sienten cuando estás enamorado, una sonrisa se plasmó en su rostro, y una nueva ilusión llegó a su vida. Ambos sintieron esa química y ese deseo de estar juntos, no lo dudaron y decidieron conocerse, cada día que pasaba era perfecto para ellos, iban borrando sus pasados y construyendo su presente y así mismo su futuro. Así pasaron mucho tiempo hasta se dieron cuenta que ya estaban enamorados por completo, sin ninguna, se sentían tan felices que se les había olvidado lo que una vez vivieron en el pasado, y así dos personas que no creían en el amor, ahora viven del amor y felices para siempre.

AQUEL BESO

Han pasado días, meses, año y aún sigo pensando en ti, en aquel beso que nos dimo por primera vez esa noche tan maravillosa en la cual la luna fue testigo de ese encuentro apasionado entre tu boca y mi boca. Todo este tiempo he intentado borrarlo con otros labios, pero, se me ha hecho imposible. La verdad no eh podido y por más que trato y trato, aun no puedo olvidarme de nuestro primer beso. Y como olvidarlo si aún llevo el sabor de tus labios en mi boca, ese sabor que aún no he podido distinguir si es FRESA, MANGO, PIÑA, MIEL, la verdad no sé, pero, me gusta, me gusta mucho, así como me gustas tú.

Ese beso ha sido tan misterioso que he recurrido a expertos en besos y en el amor, a psiquiatras, a consejeros espirituales y ninguno me ha sabido dar una respuesta cierta sobre esta adición que dejaste en mí. Creo que tendré que pedirte de por favor que vengas y borres esto que has provocado, ven y aplica el mismo secreto que aplicaste la vez que nos besamos, solo tú conoces lo que hiciste y solo tú puedes cambiarlo todo. No hay manera alguna para evitarlo, no deje de pensar en ello y por más que trato de limpiarlos más dulce se vuelve, más dulce e inolvidable.

ANOCHE

Anoche soñé contigo y fue el sueño más lindo que he tenido durante toda mi vida, y sabes, no quería despertarme por nada en el mundo, quería vivir hay eternamente, no quería perderme ni un instante de ese momento tan maravilloso que estaba pasando contigo. Soñé que eras mía, tan mía como mi propia vida, como si ya te hubiese conocido hace 200 años atrás.

Soñé que te besaba apasionadamente y tú, tú me correspondías de la misma manera, que provocaba tu excitación cada vez que tocaba tu cuerpo con las yemas de mis dedos; las cuales iban dejando mis huellas en cada parte de tu piel. Anoche, anoche por primera vez puede hacerte el amor después de tantas noches de haberte soñado, ¡qué momento ¡cómo explicar ese momento cuando quite tu ropa por completo, cuando te acostaste en mi cama y estabas hay desnuda, sonriente y con esa mirada que arrebataba mi alma y provocaba mis ganas de hacerte el amor. Que hermosa te veías, no podía creer que eso estuviera pasando, me parecía que era un sueño en mi propio sueño, pero lo estaba disfrutando como a nada en este mundo.

Anoche viví el sueño que siempre había querido, de estar a tu lado, tomado de tu mano y amarte infinitamente. Anoche dormí contigo y cuando desperté tú ya no estabas, me desespere y volví a cerrar mis ojos para volver a verte, pero ya era demasiado tarde, entonces lloré, y a mí mismo me juré que si volvería a soñarte no abriría mis ojos jamás para no perderte, para así estar contigo y amarte eternamente.

Anoche me enamoraste, y la misma vez me rompiste el corazón.

LA CULPA NO ES MÍA

Otra vez, otra vez con lo mismo. Ya te dije que yo no tengo la culpa de lo que te haya pasado, si tú te fuiste fue porque quisiste, yo no te obligué hacerlo, yo te puse una pistola en la cabeza para que te vayas, así que deja de echarme la culpa en algo que tú fuiste culpable. No trates de lavarte las manos diciendo que fui yo quien fallo, no digas que te di motivos para que te fueras porque nadie te creerá, todos vieron lo que hiciste, así que, tu caso está perdido. ¡cobarde ¡me llamas cobarde, no me hagas reír, si aquí el único cobarde fuiste tú que salió corriendo como una niña asustada cuando vio los problemas que se aproximaban, te fuiste y te refugiaste en los primeros brazos que se te cruzaron en el camino, pediste auxilio diciendo que te ahogabas cuando en realidad el que se estaba ahogando era yo. ¡que mentirosa eres ¡qué farsante te has vuelto, debieras ser actriz; te queda muy bien el papel, bravo te felicito, te mereces todos los aplausos del mundo, un HTV, un GRAMMY, un OSCAR, y por supuesto, la corona que te identifique como reina de las mentiras.

Ni tú misma te lo crees, qué te ha pasado si cuando te ibas te veía tan feliz que no te importo verme llorar, solo pensando en ti y nunca pensaste en mí. Por qué vienes a echarme la culpa a mí de lo que te ha pasado, por qué me dices que fui un cobarde por no ir me contigo, ¿porque lo haces? A poco has olvidado que estaba dispuesto a darlo todo por ti, yo daba mi vida por estar a tu lado, tú lo eras todo para mí. Ya deja de llorar que no te voy a creer, tú no tienes sentimientos, tú no sabes lo que es amar, tú no sabes lo que quieres, ya termina con este teatro y vete que ya no quiero verte.

- Quédate con tu otra – de qué me hablas si sabes que no tengo a mas nadie, no busques excusas y acepta tus errores, ya no busques culpables que la culpa es solo tuya, todas las pruebas apuntan hacia tu contra, ya deja de andar murmurando diciéndoles a todos que soy el malo que te trato mal, que te traicione siéndote infiel con otra. Ya deja de mentir que tú no sabes mentir, nadie te va a creer porque en tu cara se ve que no eres tan víctima como aparentas. Su señoría; aquí la única culpable es ella, yo, yo no tengo la culpa. Ahora escúcheme, exigió una orden de alejamiento, la quiero a miles de kilómetros lejos de mi vida, ella no se merece a alguien como yo. Exijo una orden de captura inmediata, arrésteme para que ya siga con esto. Porque la verdad ya estoy cansado. Y no siendo más me retiro, GRACIAS.

MARTHA

Que ha pasado, porque mi vida ya no es igual que antes, porque me cuesta sonreír, donde se ha ido la mujer que disfrutaba la vida plenamente, aquella que vivía al cien por ciento la vida. A esa que no le daba miedo nada, que no se afligía por nada y que se levantaba y sin importar las heridas volvía a intentarlo. Ahora no sé quién soy, me desconozco, me he perdido y sin darme cuenta mi vida ha dado un giro de 180°. Quisiera ser la misma de antes, ya no quiero pasarme todas las noches llorando encerrada en mi cuarto, acostarme en mi cama... sola, sin tener a nadie a mi lado que me consuele, alguien que me diga que no llore más, que todo va a estar bien. Ya estoy cansada de esta soledad, de a que a toda hora me sienta mal y no poder hacer nada, me siento tan sola, donde están mi familia, mis amigos, dónde está el hombre que le entregue mi vida, ¿por qué todos se han alejado de mí?

Al parecer todos se han olvidado de que existo, de que aún estoy aquí ahogándome en este vicio del que quiero salir, ¡por favor que alguien me ayude ¡me estoy muriendo en vida. Vuelvan, vuelvan todos. Necesito sentirlos a mi lado, sentir que me aman y que no estoy sola, necesito que me den cariño y que me hagan el amor cada vez que sienta placer, necesito reír, gozar, vivir la vida mejor. Quiero un beso que me endulce el alma, un abrazo que me llene de fuerza, necesito a alguien que me de la mano para caminar.

Quiero olvidarme de todas estas penas, quiero vivir otra vez mi novela, ser otra vez la protagonista de mi vida, de mi mundo, quiero ser mi propia dueña, quiero parar con esto ya estoy cansada del sufrimiento, de los fracasos a todo momento. Llano quiero llorar, quiero sentirme bien, pasarla bien, beber hasta enloquecer, bailar toda la noche, sentirme bella, deseada.

Quiero pintarme la boca, ponerme mi falda cortita; esa que tanto me gusta, mi blusa preferida, mis zapatos alto que me engrandecen ante los demás y no me hacen ver tan pequeña, usar nuevamente mi cartera y llenarla de maquillaje, mirarme al espejo y no ver esta extraña que se ha apoderado de mí, irme a la calle sin temor a perderme, hacer todo lo que me ha gustado hacer.

Quisiera volver a hacer MARTHA.

PERVERTIDA

Hay estas otra vez, aparentando ser una niña buena de casa, juiciosa; que no rompe un plato, pero vaya, quien te viera se enganchará contigo creyendo que eres una santica. Pero si supieran lo tremenda que eres. ¡una loquilla que le encanta jugar a lo prohibido, te gusta hacer cosas malas, te encanta lo arriesgado y, te gusta sobrepasar los límites en condiciones extremas. Ayer que fui a tu casa me sorprendí mucho al ver como tu mama, tu abuela y mi amigo Felipe como te trataban una adolescente que no sabe nada del mundo. Que bien lo haces, como puede aparentar ser alguien que no eres, ¡que malo ¡, mientras ellos te consentían, tu tirándome los perros, coqueteándome, haciéndome gestos con tu cara y provocándome para que yo cayera en tu juego. Y no solo esos, me mandas mensajes a mi celular diciéndome que quieres estar conmigo, que te gusto demasiado y que te provoco muchas ganas. Qué quieres que te haga el amor, que te hable al oído pervertida mente, que te bese los labios como si estuviera chupando una paleta. ¡Dónde carajos aprendiste todo eso que pretendes, que crees que soy tu sumiso para cumplir tus órdenes y hacer lo que tú quieres!

Y que es eso de que te gusta que te susurren por el cuello, que te gusta que te metan la mano por entre medio de tus piernas, allí, justo allí donde puedes sentir placer. ¡el sexo ¡que te gusta el sexo, bien sea salvaje o despacio, pero que más te gusta el salvaje porque puedes sentirlo más. – que pervertida eres – ahora que tengo que ver yo con tus gemidos, me preguntas a mi si me gustan tus gemidos, ja ja no me hagas reír, yo que voy a saber si yo no he estado contigo para saber si me gustan tus gemidos.

-quieres estar conmigo- ¿qué? espera estás loca, no me involucres en tus adicciones sexuales, yo no quiero ganarme un problema con mi amigo Felipe ni con tu familia, déjame tranquilo. Yo no quiero ser tu esclavo sexual, búscate otra persona que sacie tus ganas, al que le puedas contar todos tus deseos, de cómo te gustan que te lo hagan, si es mejor abajo que arriba, que se yo, has lo que quieras, pero a mí déjame tranquilo. Pervertida.

OTRA MAÑANA SIN TI

Otra mañana que me despierto y tú no estás a mi lado, algo que aún no he logrado entender, el por qué no estás aquí. Porque tus besos ya no me despiertan como antes, porque tus abrazos ya no me acarician cuando siento frío, porque ya no escucho más tu voz diciéndome que me quieres, porque ya no escucho tu sonrisa que me hace reír sin parar. Todas las noches me siento a pensar, y a encontrarle respuesta a la misma pregunta que me hago todos los días, siempre lo hago y casi nunca encuentro respuesta. Ahora mirar esta cama; nuestra cama, se ve tan inmensa sin ti, hay un espacio extremadamente grande. La casa parece un laberinto sin salida, un espacio donde habita un cuerpo sin alma, vacío, desolado y desorientado. Un lugar que parece más un cementerio de tanto silencio, donde la soledad abunda y es la reina absoluta de cada rincón de la casa.

Otra mañana que me toca ejercer la misma rutina de siempre, de ir y sentarme en el balcón, nuestro balcón. Donde nos encantaba estar y ver el amanecer salir, ¡te echa de menos nuestro balcón ¡yo te echo de menos. Sin ti ver el amanecer ya no es lo mismo, y el café, no se diga, me sabe tan amargo que he perdido el gusto de tomarlo. Sentado aquí, solo, pensando en ti, en todos los momentos maravillosos que vivimos, en todas las cosas maravillosas que hicimos. ¡Válgame Dios ¡me siento tan perdido sin ti, ya mi alma empieza a extrañarte, a desearte, y muere de ganas de ganas de volver a tenerte. Aquí, a mi lado, para que la llenes de ti, de tu amor, de tu felicidad, te necesita, eres su alma gemela, una parte interna de su ser, el motor de arranque, la sangre de sus venas, eres su pulmón, el latido de su corazón, eres todo; pero eso, hoy está en la nada, porque no estás aquí. Me haces tanta falta, siento que mi vida no es la misma sin ti, me urge tu presencia, me urge verte. Hasta ahora me pregunto que hice mal para que te marcharas de esa manera, si hasta ahora lo único que he hecho es amarte desesperadamente.

A veces no quisiera llorar, trato de hacerme el fuerte y controlarme, pero, cada vez que pienso en ti no puedo controlarme, cuando recuerdo que ya no serás mía y que ya no volverás a mi lado. Se parte el alma al saber que tus besos ya no me pertenecen. Recuerdo todo y lo único que hago es llorar, llorar para desahogarme, para limpiar el dolor que siente mi alma en ese momento. Perdona si sueno un poco ridículo, pero, recuerda que el corazón es el que manda, es el que siente, el que sufre, por favor… entiende.

Mira, si supiera donde estás te juro que iría a buscarte, no me importa el tiempo, la distancia, no me importa si me tarde una vida entera. Soportaría todo eso con tal de traerte de vuelta a casa conmigo. Para que integres cada partícula de mi cuerpo. Entiende que tú y yo somos una sola alma en diferentes cuerpos, un solo latido en diferentes corazones, deberíamos estar juntos, no distantes. Ya no quiero que mis mañanas al despertar sean tan simples, tan comunes, que ya no sean tan tristes.

Vuelve, es lo único que te pido, las puertas de la casa están abiertas para cuando decidas volver, aún el espacio de la cama está reservado para ti. Te espero, nunca lo olvides. Te AMO.

EN SUSPENSO

sin que decir, ni que contar.............. no sé si esto sea un punto aparte para después continuar..................................ósea un punto suspensivo para terminar.. mientras que lo pienso, ... Creo que lo tuyo y lo mío, ha quedado en suspenso.

DESVÍO

Jueves 3 pm, conducía el auto a toda velocidad, me dirigía a casa de mi gran amigo Darío; él es más que mi amigo, es mi como mi hermano, con él hemos pasado muchos momentos maravillosos, nos conocimos cuando ambos éramos muy chicos, para ese entonces él tenía unos 10 años y yo unos 12. Desde ese día hasta ahora hemos superado varios obstáculos juntos. Hoy me ha invitado a pasar el fin de semana a su casa que queda muy lejos de la ciudad, que me tenía una sorpresa, a él le encanta sorprenderme, siempre busca la manera para hacerlo, se inventa cualquier cosa; ya sea fiesta, reuniones, paseos entre otras cosas, todo con la intención de estar juntos y no perder la costumbre.

La carretera estaba muy sólida... parecía un desierto, al parecer todos estaban descansando en ese momento y yo era el único que transitaba a esa hora. Estaba tan aburrido que decidí estirar mi mano hacia donde estaba el radio del carro para escuchar un poco de música, al encenderlo la canción que estaba sonando en ese momento era **Devuélveme el corazón** de SEBASTIAN YATRA. ¡rayos! Dije. ¿Por qué esta canción, porque justo ahora? me moleste tanto y no porque no me gustara la canción, al contrario, me gusta, solo que no quería sentirme mal en ese momento al recordar cosas que ya no valen la pena hacerlo, no quería entristecer mi corazón por cosas del pasado, así que, presione el botón para cambiar de música. lo único que quería era estar feliz y no triste, quería escuchar algo alegre en un viaje tan aburrido, era lo único que necesitaba para desestresarme. No puedo negar que a mi alrededor había un paisaje muy bonito y eso me ayudaba a distraerme un poco más. A mí siempre me ha gustado cantar así que, solté mi gruesa y desafinada voz para entonar aquella canción que sonaba, en vez de cantar gritaba como un loco, ¡ahora entiendo a mama cuando me decía que buscara otra cosa que hacer porque para esto no tenía futuro, madre te amo. Mientras me deleitaba escuchando mi hermosa voz escucho que suena el teléfono, tu tu tururú. Sé que se estarán diciendo que el tono es feo, y si es cierto es muy feo, tengo ganas de cambiarlo, pero cada vez que lo voy hacer me distraigo en otras cosas y se me olvida. Bueno, mire que era mi amigo Darío y en seguida le baje el volumen al radio para contestarle, abrí la llamada y escuche una voz gruesa y fea diciéndome; ¡ya vienes en camino ¡me preguntó muy alegremente, si ya voy en camino, le respondí.

- Y qué tal el viaje –
- Mi aburrido amigo –
- Je je je, lo siento amigo ¿a cuánto estás por llegar? -
- No lo sé, creo que en una hora estaré hay –
- ¿en una hora?
- Si en una hora –
- Bueno, te espero en una hora, no te vayas a distraer por ahí, te conozco
- Tranquilo amigo no me perderé por nada este momento entre nos dos –

Muy sonriente colgué la llamada y tiré el teléfono sin importar donde cayera, le volvió a subir el volumen al radio para seguir en mi salsa “como dicen por ahí “. 30 minutos después de conducir por la larga y aburrida carretera llegue a un punto de desviación, había dos caminos; uno que estaba derecho y otro que está curvado. No sabía qué hacer, ni para dónde ir, estaba confundido, me estresa nuevamente y estaba perdiendo el control de mí mismo, pero me dije a mi mismo que no conseguiría nada estando así, trate de calmarme y pensar un poco. Me dejé llevar por mi instinto y decidí irme por el camino que estaba curvado, iba conduciendo, pero no tan seguro, no estaba convencido por completo. Mientras conducía me pregunta si era ese el camino correcto porque ya había conducido mucho, ya se me estaba haciendo muy lejos y de noche, estaba preocupado, me imaginaba la desesperación de mi buen amigo al no verme llegar, ya había pasado la hora que dije que llegaría, me encontraba en un gran problema.

Al ver la situación así mi amigo volvió a llamar.

- Ey amigo que te ha pasado, porque no has llegado aún –

- Estoy en problemas, creo que he tomado el camino equivocado, había un desvió atrás y creo que tomó el camino incorrecto –

- No, no puede ser cómo vas a tomar el camino que no era, ya habías venido para acá antes como te vas a perder, se supone que conoces el camino –

Estaba tan enojado mi amigo que me regaño como si fuera su hijo. Y si, tenía razón. Ya había ido para allá antes, pero eso fue hace 5 años, ya habían pasado 5 años, puede haber cambiado muchas cosas durante ese tiempo, pudieron haber remodelado la carretera por que anteriormente no estaba así, ahora estaba diferente porque nada se me hace conocido, nada.

Después de todo no tenía otra opción solo que devolverme y coger el otro camino, me tomo otra hora y media para llegar hacia el otro camino, ya estaba muy cansado de tanto conducir, quería parquearme en cualquier lado y acostarme a dormir y así descansar un rato, pero tenía un compromiso con mi amigo el cual estaba muy preocupado al no ver llegar. Ya estando en el lugar tome nuevamente rumbo hacia mi destino, ¡espero que este sea el camino correcto! Exclame muy enojado. Pasaron 2 horas para poder llegar a la ciudad, me alegré un poco porque al fin había llegado. ¡hasta que por fin llegaste ¡me dice mi amigo dándome un fuerte abrazo, y yo no quería saber nada, solo quería abrir esa puerta y entrar acostarme en los muebles y relajar mi cuerpo que estaba muy estropeado del cansancio, parecía que me hubiera pasado un camión por encima. Pero bueno, era mi amigo el que me estaba abrazando y no podía dejarlo solo, así que le respondí al abrazo, nos alegró mucho vernos, fue un momento especial, al fin después de tanto tiempo, ya estábamos más viejos, ya no éramos los mismos jovencitos de antes, estábamos totalmente diferente.

MIS VERSOS

I

Orillo en río como un potrillo sin dueño,

Espero algún día poder acariciar tu pelo.

II

Si mañana me dicen que estoy loco, les diré que es verdad,

Y si me preguntan la causa, les diré que es tu nombre, que me tiene mal.

III

Los miedos me traicionan a la hora de explicarte,

Pero no pienses vida mía, que soy capaz de engañarte.

IV

Vivir en tus sueños siempre he querido,

Y ser el dueño tuyo; en todos los sentidos.

V

Palabras de aventurero, puede que no sea un guerrero,

Pero por tu amor, lucharía contra un mundo entero.

VI

Negro es tu pelo, café son tus ojos,

Quisiera tener poder para entregarte el mundo entero.

VII

Las estrellas iluminan fuerte, y tu risa las opaca,

Tu eres tan hermosa como una flor púrpura que idolatra.

VIII

Ya no es hora de andar con cuento, pero la ocasión lo amerita,
Ven mírame a los ojos, y siente como el corazón te grita.

IX

Permítame le digo, Sé que este no es el momento,
Pero quisiera amanecer contigo sin importar el tiempo.

X

No hay olvido alguno, ni felicidad constante,
Solo quedan recuerdos de un amor que había fracasado antes.

XI

Los besos perduran, mientras la mente no lo olvide.

CALL ME

Hasta que por fin te encuentro, necesito preguntarte algo, <<me regalas un momento>>. – si está bien dime – estoy muy enfadado contigo, eres un imbécil, porque no me has llamado, ¡ey, ey, espera cálmate, mira no te he llamado porque he estado ocupado todos estos días, no he tenido tiempo ni para mí. << eso no es una excusa para que no tuvieras al menos un minuto para que me llames, o a poco crees que te he dado mi número para que lo tengas de recuerdo, o crees que te lo he dado de regalo para que lo tengas de adorno en tu cuarto. ¡dime ¡mira, si te he dado mi número es para que cojas el bendito teléfono, marques mi número y me llames, que difícil es hacerlo, ¡ah ¡que no ves que me gustas y me muero de ganas por escucharte, por eso te lo he dado para escuchar tu voz, me encanta tu voz entiendes, o caso yo no te gusto, es eso verdad ¿no te gusto? ¡responde ¡acaso me tienes miedo, habla de una buena vez porque si es así me mentiste la vez que me pediste el número, de vías tan interesado, y no lo vayas a negar por que se notaban en tus ojos y los míos son testigo de eso.

Sé sincero y dime que has hecho con el papelito en el que te anote mi número, lo has guardado o lo has votado. Habla ya y no te quedes callado como si fueras un mudo. ¿eres mudo? ¡no verdad ¡entonces dime qué has hecho con el bendito número. Quiero saber la razón por la cual no me has llamado, eh estado esperando tu llamada toda esta semana, ey hablo contigo estúpido, que hiciste con el papel.

Mira ya me arte, sabes que, mejor me voy. ¡idiota ¡si no ibas a llamarme porque me pediste mi número, te odio, te detesto, te, te quiero, te quiero mucho, eres el chico con el que quiero pasar el resto de mi vida, me muero de ganas por estar a tu lado, por favor llámame si, prométeme que me llamaras esta noche, quiero escucharte, me llamaras sí.

- Está bien te llamaré –
- Lo prometes baby –
- Te lo prometo –

Sabes, eres el idiota más lindo que he conocido, por eso me gustas mucho, mucho, no lo olvides. Baby voy a estar esperando tu llamada, y hay de ti si no lo haces, te tocara desaparecer porque si te encuentro te arranco las pelotas y se las tiro a mi gato para que juegue con ellas, me oyes. Te mato. Bay, baby, call me.

SUS OJOS NEGROS COMO LUNA

Ahora entiendo por qué ya no se ven más los luceros en el cielo, ya sé cuál es la razón de que la luna no alumbra tanto. Había buscado por mucho tiempo el lugar donde se habrían perdido esos luceros, y hoy, los vengo a encontrar en ti, tus ojos; son esos luceros que le hacen falta al cielo, esa luz que le hace falta a la luna para resplandecer enteramente. Me quedé sin palabras cuando te vi por primera vez, te vía tan hermosa con eso negros como luna, no hay palabras para describirte, cualquier texto se queda corto para describir todo lo que haces sentir sin necesidad de hablar o de tocar a alguien. Tu mirada hace magia y tiene el don para poder hechizar e hipnotizar a alguien con solo parpadear. No te puedo negar que me he vuelto adicto a tu mirada, y aunque no te conozca me has sacado el más profundo suspiro de mi ser. Tuve la dicha de conocerte en el salón de odontología de tu universidad, aquel tu padre me dio una cita de limpieza contigo, fue la coincidencia más linda que he tenido, el mayor placer de tenerte cerca y verte a los ojos mientras me limpias mis dientecillos. Desde ese día solo me pase pensando en ese momento tan mágico, desde entonces deseaba volver a verte todos los días. Me acuerdo también que ese día llevaba puesto un uniforme azul, y si se están preguntando cómo le queda, off le quedaba tan perfecto que encajaba bien con su pequeño hermoso cuerpo.

TU SONRISA

Hola me llamo Luis, disculpa mi imprudencia, pero quisiera decirte algo, claro está si me lo permites, sé que no tienes idea de quién soy, y tal vez ni te imaginaba que existía. pero eso importa ahora, le quiero decirte es que tienes una sonrisa extremadamente hermosa, es tan resplandeciente como la luz de un ángel, su brillo puede aplacar, el de una estrella sin ninguna duda, hoy que te vi me pregunté si que estaría pasando en el cielo que los ángeles estaban en la tierra, sé que existen muchos ángeles, pero, tu eres el más hermoso con la sonrisa más dulce del mundo. ¡como ¡que, si donde te eh visto pasar, pues mira, yo estaba esta mañana sentado en la cafetería de la esquina, estaba disfrutando muy placenteramente mi taza de café cuando, de lejos miro algo que brilla y que llama la atención de muchos, algo que estaba generando tráfico en la calle, yo no puede evitarlo, no pude contener las ganas de verte, es que te veías tan dulces, tan tierna con tu sonrisa, eso fue un momento impresionante, algo imposible de olvidar. ¡si en serio! por eso hoy que te he vuelto a ver no lo dudé dos veces y decidí acercarme y decirte todo lo que causaste en mí, es que hora hoy, o no era nunca. aunque tú no lo sepas has alegrado mi mañana, la verdad estaba muy aburrido, pero tú, tú me devolviste las ganas de sonreír. ¡¿cómo te llamas? ¡me llamo MARTA ¡hola marta, es placer conocerte, me has llenado de energía completamente, has hecho que mi corazón se contagie de tu felicidad y que mi alma no para de sonreír cada vez que te miro. Te prometo que guardaré tu sonrisa en lo más profundo de mi ser, la recordaré cada vez que esté triste, estoy más que seguro que podré sonreír. - mira Lorenzo- no, no soy Luis, ¡ah ¡- mira Luis, tengo que ir me, gracias por tus palabras, que tengas un lindo día, hay-. bay marta, cuídate mucho.

LA CHICA QUE ME ENSEÑO HACER EL AMOR

Yo, había estado con muchas chicas antes, ya había experimentado este majestuoso placer, ese pecado que nos hace tocar el cielo con las manos y una constelación entera. Lo había hecho par de veces, pero no era tan bueno como los demás chicos de mi pueblo ¡eso era lo que ellos decían ¡sus conversaciones me hacían llenar de envía y curiosidad, me llenaba ideas locas a mi débil cabeza que en esos momentos estaba hipnotizada por la pasión del sexo.

Todo eso me llenó de emoción y quería experimentar todo eso que ellos decían, hacer cosas nuevas y sobre todo estar con alguien mayor que mi ya que, nunca había estado con alguien mayor, ese era mi gran deseo. Estar con alguien que me enseñara todas esas locuras que surgen a la hora de hacer el amor. Eh había muchas chicas mayores con la cual cumplir esa fantasía, pero había una en especial que llenaba todas mis expectativas, una a la cual yo le gustaba al igual que ella a mí. Para ese entonces yo tenía 17 y ella unos 25, una perfecta, para una chica perfecta. Ella es una mujer muy atractiva, alegra, alta, con piernas gruesas y enorme trasero, todo eso la hacía lucir extremadamente hermosa y llena de deseo, ella es como un imán, e atraía como hacía ella de una manera indescriptible, y aunque yo no quería y me negará toda mi atención se centraba hacia a ella, y sin pensarlo me llenaba de placer y unas ganas inmensas de estar con ella.

No sabía cómo decírselo, y aunque hubiera la manera de hacerlo no lo hacía porque me daba miedo que iba a pensar, que diría o cómo reaccionaría a la propuesta de un chico iluso enamorado de su cuerpo. Pero como dicen por ahí los sueños se hacen realidad, y el destino siempre te sorprenderá cuando menos te lo esperas, un viernes por la noche, mis amigos y yo estábamos en la disco disfrutando como siempre solíamos hacerlo, todo estaba de pocas, "como dicen los mejicanos" el ambiente estaba perfecto y yo, yo estaba un poco mareado de tanto tomar, y en esos momentos estaba dispuesto a lo que sea. Mientras bailaba miré a alguien en particular, y la verdad no me imaginaba que ella estuviera allí. Y sé que se estarán diciendo que es la chica de la que tanto hablo, pues si es ella, está esta sensual como siempre, toda una diva, es que solo con verla ya se pasó la borrachera que tenía. Estábamos allí tan cerca, podía sentirla en mis manos, acostada en mi cuerpo, podía sentir el fuego ardiendo que se encendía en medio de ese encuentro salvaje de nuestros cuerpos al penetrarse, ya saboreaba sus delicados labios. Mientras yo me imaginaba todo eso, ella en esos momentos salió a tomar un poco de aire, alcance a mirarla con suerte, a mi cuerpo le entró una sensación extraña, no sé si era una señal desde lo más profundo de mi ser que me decía; o es ahora o no es nuca. Así que, le seguí la loca idea a mi ser, me llené de valor y me dirigí hacia donde estaba ella, yo iba muy nervioso, sentía muchas ganas de correr, pero, me pare como los verdaderos machos, no lo dude y me le acerque mientras ella estaba muy distraída mirando no sé dónde. ¡por qué tan sola! Le dije. ¿a quién espera? Eso se lo dije para romper el hielo.

- A nadie – me dijo, - a bueno – respondo.

- Quería decirte algo-

- Que seria, dime –

- Mira lo que pasa es que, me, me gustas –

- Ja ja serio, te gusto –

- Si en serio, no te rías. Y quería saber si entre tu yo podría pasar algo –

- Pues no sé, tú eres un niño y los niños no saben nada de esto –

- Si lo sé, soy un niño, pero este niño puede hacerte muchas cosas que ni te imaginas – eso lo dije por presumir.

- Ahí Dios, mira, lo único que puedo regalarte es un beso, más de ahí nada - ¡solo un beso! Exclamé. Pero bueno está bien, le dije. Pero en el fondo sabía que ella por dentro también quería que pasara algo más que un beso, podía notarlo en su cara, en la forma en que me miraba.

Sin dudarlo ella me pidió que nos fuéramos a un lugar más alejado donde no hubiera tanta gente para darme el beso, yo acepté y la seguí, me dejé llevar por su encanto, me convertí en su mayordomo y capté sus órdenes como un buen empleado. Apenas llegamos al lugar se me acercó para besarme, nos besamos por un buen rato, nuestros labios generaron una batalla de placer donde perdía aquel que no resistía tan dura pelea, y como ninguno dc los dos quería perder, la pelea continuaba. Mientras mi boca batallaba mi mano curioseaba, se puso un poco intensa y empezó tocar lugares prohíbo que no lo le habían autorizado tocar, pero que va, no le importo las reglas del juego e ignoró las advertencias en ese momento y continúo explorando. Y entre tanto tocar y tocar puede excitarla, no pude resistirse, pero, en ese lugar no podíamos hacerlo, así que, me pidió que nos fuéramos a su casa, por eso, no se quedaría así.

Está bien vamos, le dije muy ansioso, pero eso si tú te vas primero y luego yo, me dijo ella. Cada uno por su lado.

Llegué a su casa después de 15 minutos, ella ya estaba allí. Llegue toque su puerta muy desesperadamente, toque varias veces y al ver que nadie salía quise devolverme, y el momento que lo iba hacer mire que la puerta se habría ido muy lentamente, y desde el fondo escuche una voz que me dijo entra, yo sin pensarlo lo hizo de inmediato. Al cruzar la puerta ella estaba ahí, tenía puesta una bata gris que le quedaba bien ajustada a su cuerpo, tan ajustada que se le podía notar que no tenía ropa interior, ¡por Dios ¡es lo único que pude decir en ese momento al ver todo eso, no podía creer que ese momento estuviera pasando, ya podía sentirme toca un trofeo. Estaba muy asustado, pero con muchas ganas de hacerlo, era la primera vez que estaría con alguien mayor que mí eso me ponía un poco tenso.

Antes de que todo empezara hablamos por varios minutos; para entrar en confianza plenamente, nos encontrábamos sentados en el borde de su cama, mientras hablábamos me le acerque un poco más y más, algo me impulsó y sin darme cuenta la bese nuevamente, no podía controlarme, me estaban ganas mis impulsos y mis ganas, creí que estaba actuando mal, pero, fue todo lo contrario, iba por el camino correcto. A ella le gusto y mi mano se emocionó y empezó nuevamente a tocar lugares prohibidos, el juego estaba empezando y la pasión se estaba expresando. Metí mi mano ahí, ahí justo entre medio de sus piernas, empecé a tocarla muy lentamente, de una forma que puede excitar y provocar sus ganas de hacer el amor. Ella al sentirse amenazada reaccionó rápidamente, se aventó hacia a mi acostándose encima, empezó a moverse, a quitarse la ropa quedando completamente desnuda, mis ojos brincaron de emoción. Yo intenté quitarme la mía, pero ella me dijo que no lo hiciera, que ella lo haría. Primero me quito la camisa, mientras que lo hacía iba besando todo mi cuerpo, empezó desde mi cuello e iba bajando muy lentamente hasta llegar a mi ombligo, ahí se detuvo para excitarme mientras desabrochaba mi pantalón para quitarlo, no lo niego que por un momento sentí que ya me venía, su excitación era tan fuerte que casi no podía resistirme.

Después de haber quitado mi pantalón ella se detuvo un momento y se bajó de mi cuerpo para acostarse y ponerse cómoda, en lugar donde su cuerpo estuviera relajado, se acostó boca arriba, abrió sus piernas hasta un punto en que pude ver la gloria por ese momento. ¡ya estoy lista ¡me dijo. ¡bueno ¡dije y suspiré muy profundamente, me monté encima de ella, penetre su interior muy lentamente y así empecé a moverme de arriba hacia abajo, y mientras lo hacía mi emoción iba aumentando, y aumentaron más cuando escuche sus delirantes quejidos, estaba bien pero no lo suficiente, entonces ella empezó como buena maestra a darme sus clases y a enseñarme todo lo que sabía. Me dijo; muévete así, hazlo de esta manera, sube un poco más, dame más fuerte; como si fueras a matarme y luego detente apoyándote de mí al ver mi cara de sufrimiento. Pero no te apiades tanto, imagínate que soy tu enemigo, así vuelve con más fuerza y dame como si fueras a matarme. Eso, así, no pares, sigue... así, mas, mas... dame más, quiero más. No se imaginan como me sentía en esos momentos, estaba tocando el cielo con las manos, mi sueño se había hecho realidad.

Ella era la patrona y yo su esclavo, obedecía a todas sus órdenes, todo lo que me decía, yo lo hacía. Yo no tenía la necesidad de decirme que hiciera tal posición porque ella sola lo hacía, o me decía ponme así que así me gusta y sin negarlo a mí también porque era algo magistral.

Después de un rato ella se me trepo encima, ¡rayos ¡no se imagina lo maravilloso que fue ese momento cuando empezó a moverse, hacer todo lo que ella sabía, no se guardó nada para después y lo dio todo ese momento. Esa noche fue inolvidable y maravillosa, mi deseo estaba hecho y mis ganas saciadas.

Y desde esa noche, fueron muchas más en la que estuve con ella, me encantaba estar con ella, me encantaba todo lo que hacíamos porque estaba aprendiendo muchas cosas que no sabía y que me gustaban.

Sus clases fueron las mejores sin ninguna duda, me enseñó tanto hasta convertirse en un experto haciendo el amor.

A VECES

A veces pienso, cual es mi propósito de estar en esta vida, por que suceden cosas inexplicables que nos causan ciertas emociones, esas emociones que suelen alegrarnos o entristecernos, pienso quienes somos o que vinimos. A veces se generan miles de preguntas en mi mente a las cuales no les hallo respuesta. Por qué todo será tan difícil, porque tenemos Hay que llorar para poder ser felices solo por un momento, porque nuestros sueños duelen tanto. A veces me pregunto si por qué somos dueños de nuestras vidas, porque otros tienen que controlarlas, porque tenemos que depender de alguien para que nuestra vida sea completa.

A veces pienso de por qué debemos asustarnos, si se supone que los miedos no existen, entonces por qué nos da miedo perder a alguien o algo que queremos mucho, a veces pienso que la distancia solo es una lejanía, pero no es la razón del olvido, que extrañar a alguien es no quererse así mismo; porque nos estamos condenando al sufrimiento. A veces pienso que todo es una mentira, que todo es juego, que es mejor confiar en alguien que no conoces que en alguien que jura ayudarte en cualquier momento, pero a veces también pienso que es mejor no confiar en nadie porque al final todos fallan, pienso que el silencio solo es un corazón vacío, que a veces es mejor ser malo que bueno; porque así nadie se aprovecha de tu nobleza, tampoco te hacen tanto daño. A veces pienso que nada tiene sentido y que todo esto es una farsa.

CINCO MINUTOS

Hay personas que pueden cambiar tu vida en un instante, hacerte sentir cosas inexplicables y hacerte vivir cosas hermosas en cuestión de segundo, Y tú, tú eres una de ellas, sin ninguna. Eres una como un Hada madrina, me has concedido el deseo de sonreír y ni siquiera te lo había pedido, en cuestión de segundo borraste mi tristeza, me diste aliento de vida y me impulsas a seguir.

Me regalaste los 5 minutos más impresionantes que he tenido en esta vida, tu grata compañía me lleno mucho, me alegro infinitamente ver y el brillo de tus ojos al verme cuando hablábamos. Tú estabas tan nerviosa y tímida, y yo pues igual. Obviamente había razón para que estemos así, no nos conocíamos tanto, apenas nos había visto un par de veces y habíamos hablado muy poco. Pero sabes, hablar contigo me hizo olvidar las preocupaciones de las preocupaciones que rodeaban mi mente en esos momentos, me hicieron olvidar que tenía hambre y no había comido todo el día.

La verdad no me imaginé que podrías hacer todo eso, es que te vez tan simple, tan fría, haces como si no te importe quien esté a tu lado, como si te da igual lo que pase a tu alrededor, pero, creo que me equivoque, eres como una bomba explosiva, eres como el agua; disuelves a cualquiera en tu entorno. Tienes una energía con millares de voltios, eres tan dulce, tan alegre, me has dejado con ganas de más, por favor que se repitan estos cinco minutos, por favor. Hablar contigo es como ver a Dios en persona, como ganarse una lotería, como descubrir un tesoro oculto, y por eso creo que ya he encontrado uno. Eres un tesoro, estaba escondido y conté con la suerte de encontrarte.

Cinco minutos más, cinco más, que se repitan, no importa el lugar ni la hora, concédele ese deseo a este humilde soñador.

A SOLAS

Sin ruidos, sin interrupciones, me encanta estar apartado de todo lo común, me gusta estar a solas por qué; puede ser yo mismo, puedo escuchar la voz de mi conciencia hablándome entre medio del silencio. Puedo explorar nuevos mundos, conocer y ver cosas que no son muy difíciles de ver cuando estás en compañía. Puede alcanzar el punto máximo de relajación de mi cuerpo, a recuperar todo lo bueno que hay en mí y sacar todo lo malo que no me deja ser esa persona que cuesta ser. Todo allí es diferente, totalmente hermoso, sencillo, sin complicaciones, cuando puedo reír a carcajadas como me gusta, bailar como un loco enamorado de la vida, lloro, camino, corro, me caigo...me levanto, puedo hacer lo que quiero sin preocuparme de lo que pueda pasar. A solas puedo amarme a mí mismo, a darme el valor que me merezco, a consentir mi corazón y a expresar lo que lleva dentro.

Allí puede sentir el latido de mi corazón cuando se acelera, puedo sentir la sangre que corre por mis venas, a solas puede entender los latidos cardinales, le encontré respuestas a preguntas que llevo conmigo hace muchos años. Allí soy yo, alguien diferente, lleno de paz, de tranquila, de armonía, de felicidad, viviendo en un mundo lleno de vida, donde puedo gozar de las imaginaciones de mi mente, puedo darles libertad y hacerlas fluir, puedo conectar mi alma, mi corazón y mi mente en un solo suspiro.

Allí puedo sentir la suave brisa que entra por la ventana de la casa, puedo ver los rayos del sol que se filtran por los vidrios de la ventana mientras me tomo una taza de café. Para mí no hay nada más placentero que estar a solas y consentirme a mí mismo, que mirarme al espejo y darme consejos de superación. Prepararse para las peleas que a diario se presentan en mi vida.

Puedo suspirar profundo cada vez que me siento el borde la cama; cuando expreso mis sentimientos en una de papel a la que mancho todos los días con una tinta de lápiz, a la que le cuento mis penas, mis tristezas, mis alegrías, mis emociones, mis placeres y mis gustos.

Puedo ver el atardecer caer, ver salir la luna, las estrellas alumbrar, puedo disfrutar de momentos maravillosos cuando.

MI TÍA JULIANA

Sin pedirlo, la vida me regaló la mejor familia del mundo, y entre ella está tu tía Juli, la mejor de todas, me siento tan afortunado de tenerte a mi lado, de que sea mis tías. Sabes, aunque no te lo diga, yo te quiero mucho, con todas las fuerzas de mi alma, te quiero porque me has enseñado a quererte de una manera tan especial que siento quererte es poco, porque te mereces todo, el infinito, las estrellas, el cielo, te mereces esta vida y la otra. Te has ganado mi admiración completa, mi respeto y mi cariño.

Solo basta darte gracias por todo lo que has hecho por mí, por tu preocupación, por tu apoyo, por creer en mí y darme la oportunidad de superarme, gracias, gracias por tus consejos, por alentarme todos los días, por tu cariño, por tu nobleza y tu comprensión. Espero que Dios me dé la oportunidad de retribuir todo lo que has hecho por mí, para darte eso que has soñado y te mereces, para complementar tu felicidad, para darte todo, absolutamente todo.

MAMI ROSA

No hay palabras para describirte, para explicar todo eso que eres. Que será nuestra vida sin ti, sin tu amor, sin tus regaños, sin tus consejos que son tan vitales para nuestras vidas. Le agradezco tanto a Dios que me dio la oportunidad mi otra madre, de que seas parte de mi vida, de mi corazón, de mis latidos, de todo mi ser, te amo tanto Rosa que mi amor ti no tiene límites.

Sabes te admiro tanto, eres una mujer luchadora, que no se rinde fácilmente, eres un pilar de una familia entera, has sabido mantenerte firme en tu posición y pocas veces has retrocedido ante una situación. Todos mis halagos son para ti mi reina, nuestra reina. Nuestro ángel con el corazón más noble que puede existir en mundo, tu carisma y tu personalidad demuestra lo que eres. Me encanta me acojas en tus brazos, porque mi alma puede descansar, porque allí me olvido de los problemas, en ti no siento miedo; porque a tu lado me siento seguro y fuerte.

Tu eres mi adoración, aunque creo que no lo sabes, lo eres. Tu eres la mujer a la cual respecto tanto, tus palabras para mí son como las de Dios; sagradas. Todas son sinceras, sin rencor, sin malas intenciones. Tus palabras me llenan de vida, me dan ese suspiro cuando me falta el aire para respirar, tus brazos, son el soporte de mi cuerpo, tu sonrisa alivia mis tristezas, tu coraje ahuyenta mis miedos, y tu amor son el mejor lugar para descansar.

Doña rosa, deseo que seas eterna, que nos dures miles de años más, para gozarte y seguir disfrutando de amor y tu presencia. Te amamos con todo nuestro corazón.

MADRE

Creo que no hace falta decirlo, eres la dueña de mi vida, te pertenezco, desde los dedos de mis pies hasta la punta de mi cabello. Y qué decir de mi amor hacia ti, mi amor es tuyo, mi corazón es tuyo, mis risas, mis tristezas, mis palabras y mis pensamientos, el abrir y cerrar de mis ojos, cada gota de la sangre que corre por mis venas, los suspiros de mis momentos de angustias. Tú, tú tienes comparación, te amo, te amo, te amo sobre todas las cosas, te amo desde lo más profundo del corazón de mi alma, te amo desde que mi padre me engendró en tu vientre, te vengo amando desde los nueves meses que me cargaste en tu barriga, desde que pujaste para que saliera a este mundo, desde que abrí mis ojos, te amo desde el primer beso que me diste cuando me cargaste por primera vez en tus brazos. Te amo madre. Te amo y te seguiré amando hasta la otra vida porque estoy más que seguro que allá lo serás, y si no es así, yo mismo me encargaré de pedirle a Dios que me seas mi madre nuevamente.

Y sé, que tú también me amas, no hace falta que me lo digas, lo noto en tus ojos cada vez que llego a casa, en los te cuidas que me das cuanto tengo que partir lejos, tu preocupación lo demuestra, tu cara entristecida al verme como me alejo de ti. No me cabe duda que siempre seré tu niño pequeño, al que no quieres que se aparte de tu lado nunca, al que cuidarás y protegerás con todas tus fuerzas.

Tus cuidados siempre están llenos de bendición, no hay duda que siempre le pides a Dios para que me cuides y que esté conmigo en todo momento. Te amo mama, y te prometo que siempre estaré contigo y me cuidaré como siempre me pides.

TE AME

Para entonces, tu solo eras una desconocida, apenas solo te había visto un par de veces, pero, a mi medio igual, sentía que eras tú, aquella mujer que buscaba desde hace mucho tiempo, por eso, te amé sin dudarlo desde la primera vez que te vi. Yo me arriesgué y aposté todo por ti, sin importarme si ganaría o perdería, pero en este caso, quería ganar, deseaba tenerte a mi lado, por eso, lo di todo, me esforcé por conquistarte, para tenerte. No me rendiría fácilmente, esa no era una opción, no estaba en mis planes.

Yo y mi corazón habíamos hecho un contrato, donde las reglas eran claras y precisas, NO RENDIRSE HASTA NO CONQUISTARLA, como puedes ver... no había más opción, o eras tú no eras tú. Yo solo era su secretario, tenía que obedecer, la verdad no quería que me despidieran. Mi alma era su cómplice, ambos se pusieron de acuerdo y empezaron a enviarle infinidades de sentimientos a mi mente, me hicieron adicto a ti que no podía resistirme al verte, estabas en todos mis pensamientos, eras lo que más deseaban ver mis ojos. Tu nombre era mi frase favorita de todos los días, tú eras la conversación adecuada para mí, mi alma y mi corazón. No existía nadie más en esos momentos en mi mundo.

Pude sentir esa química, esa atracción tan fuerte, pude sentir desde el fondo de mi alma que un futuro tan maravilloso entre tú y yo habría, << ya sabes, tu yo juntos, amándonos, para toda la vida, forever. >> imagínate era tan grande mi deseo de estar contigo que, decidí cambiar mi forma de ser, mis hábitos, mis yo y solo yo, para verme mejor y estar a tu altura, Quería cumplir tus expectativas. Te confieso algo, no sé cómo le hiciste y ni siquiera te disté cuenta, pero, cuando te vi se fue el dolor tan inmenso que llevaba en mi pecho, pude sentir el descanso que pedía mi cuerpo. Sabes ahora soy feliz, demasiado feliz, me hace feliz solo verte, tu risa apartado la soledad que había en mí, ya no siento miedo, me siento tan fuerte a tu lado, como un superhéroe. Ahora ya no lloro más, ya no.

Por eso hoy te pido corazón que nunca te vayas, que te quedes aquí a mi lado por siempre, para amarte una eternidad, para besarte siempre al despertar todas las mañanas. ¡Quédate ¡aquí conmigo, síguele dando color a mi vida, enséñame todas esas cosas que me hacen falta aprender, quédate y sé el escudo que me proteja de la tristeza y el dolor, sinceramente le haces bien a mi vida. ¡No te quiero perder ¡TE AMO!

YO Y EL CABALLO DE MI SUEÑO (ARTHUR)

Arre, arre. Ese soy yo todas las noches en mis sueños diciéndole a mi fiel y compañero caballo para correr como un leopardo, rápido, tan rápido como una estrella fugaz. ¡vamos, vamos, tenemos que llegar pronto, el pueblo nos necesita, ¡arre ¡le grito para hacerle saber que tenemos una misión que cumplir. Mi caballo es tan obediente, accede siempre a mis peticiones, yo lo estimo mucho desde la primera vez que lo encontré tirado un rincón de mis sueños, estaba tan débil, desprotegido, eso me tocó el corazón y decidí adoptarlo en mi mundo.

Él es un poco bipolar, una vez es juguetón y otras veces ni siquiera me mira, pero igual me siento orgulloso de tenerlo. ¡Ese es mi muchacho! Tan obediente a mis órdenes, siempre está conmigo, me ha regalado los mejores momentos maravillosos. Él y yo hemos recorridos muchos lugares juntos, hemos enfrentado muchas batallas y todas las hemos ganado, somos un buen equipo, algo así como don quijote y Sancho panza.

Arthur, así se llama mi pequeño caballo de color negro, pelo rizo suave, contextura gruesa ya casi parece un toro. Admiro su personalidad, su carácter siempre está presente en mis sueños esperando por mí para cabalgar juntos como siempre lo hacemos, para llevarme a esos mágicos lugares que suele llevarme, lugar como la laguna mágica que es tan hermosa, rodeada de la naturaleza y llena de agua cristalizada fría, bien fría como en los polos, allí donde habitan muchos animales de toda especie. Soy tan feliz en ese lugar parecíamos niños corriendo por todo ese lugar.

Ah por cierto se me olvidaba contarles sobre la batalla que tuvimos, resulta que al llegar al pueblo vimos que había unos ladrones que querían hurtar las cosas de las personas que habitaban allí, al percatarme grite desesperadamente a mi caballo para que corriera más duro, como todos unos gladiadores nos aventuramos a pelear con los ladrones, era una batalla muy dura, ardua, constante pero nuestro coraje y nuestra fortaleza hicieron que saliéramos victoriosos, pudimos ganar la pelea. Al fin de todo, la gente nos aclama, ¡Urra, Urra que viva nuestro rey Luis y su caballo Arthur, se escuchaba a grandes voces, a mucha gente que exaltaba nuestro nombre, ese fue un momento de satisfacción y de orgullo.

Ya cumplido nuestra misión continuamos nuestro camino sabíamos que nos esperaban muchas batallas más para ganar. Yo paso los mejores momentos de mis sueños a su lado, por eso, siempre que me acuesto lo primero que hago al cerrar mis ojos es desear ver a mi gran amigo Arthur.

TU MAMA NO ME QUIERE COMO YERNO

Amor, no sé, pero tengo la impresión de que tu mama no me quiere a tu lado, - amor porque dices eso, ella si te quiere – no, al menos eso me hace pensar cada vez que vengo a visitarte ella me mira con cara de psicópata desesperada, << oye que te pasa, estás hablando de mi mama >> si, pero mírala, es como si quisiera matarme, estoy seguro que si las miradas mataran yo ya no existirá, te lo aseguro.

No te has dado cuenta que cuando estas a mi lado siempre busca una excusa, que esto, que lo otro, siempre tirándome indirecta es algo tan notable, me odio poco le gusto y es por eso que no me quiere contigo. Tu mama es una loca, lo siento, pero es la verdad. Ahora no me cabe duda de que debe llenarte la cabeza todos los días de mentiras, me imagino diciéndome; es chico es vago, no trabaja, no te conviene, no hace nada y aparte es muy feo hija, no tienes gusto, bla, bla, bla. Ya me la imagino, conociéndola puedo decir que te lava el cerebro con sus palabras que contienen ácido cítrico.

- Exageras- no estoy exagerando. ¿te acuerdas la vez que estábamos sentados en las escaleras de tu casa, no te fijaste cómo me miró cuando le dije suegra, me miró como diciéndome que, si estaba loco, creo que ganas de tirarme un palo no le faltaron. Sinceramente estoy empezando a sospechar que ella no me quiere como su yerno. Creo que le caigo mal, me ve como si fuera un desconocido, como si fuera un terrorista, ¿qué le he hecho? por favor pregúntale el porque me trata mal si yo la quiero mucho, que ella es mi suegra favorita, di le que ya que si me sigue mirando así fabricar una bomba y se la pondré en el bolsillo para que explote, - oye que te pasa- mentiras es broma. Pero dile que ya no me mire así, que, si quiere guerra, guerra le voy a dar. La quiero mucho, pero si sigue así tendré que acabarla antes de que ella lo haga conmigo.

Lo siento por ti, y tranquila que no quedaras sola, yo cuidare de ti mejor que ella, ha y por cierto no olvides de decirle que mañana vendré a visitarte, que haga la comida que me gusta para que me guarde, que me gane porque yernos como yo no encontrará fácilmente, que lo haga si no se va arrepentir.

OTRO TRAGO

Después que perdí a mi amada, lo perdí todo. Lo único que tengo son penas en mi alma, sufrimiento, dolor, estoy lleno de amargura. Mi vida está llena de sentimientos negativos y mi único consuelo son las cantinas, puedo olvidarme de todo y desahogar el dolor que mata mi corazón. Me siento tan bien el momento cuando escucho esta canción; "donde se me ha escondido el sol, que mi jardín olvidó, que el alma me marchitó. "esa, esa es la canción que termina de aniquilar mi corazón.

Con voz desgarradora, con un sentimiento que viene desde lo más profundo del alma se escucha un pobre hombre cantando a gran voz y mientras que lo hace, caen lágrimas de sus ojos al recordar a su amada. Al recordar que ya no está, que ya no volverá a verla más, eso le causa un dolor inmenso dentro, muy dentro, en lo profundo de su pecho. Y aun así cuando no encuentra consuelo en la gente, el sin reproche alguno lo encuentra en las cantinas, allí puede liberar todo eso que siente.

"otro trago cantinero, otro trago cantinero por favor, quiero acabar con esta tristeza que está acabando conmigo"

Aquel señor pide al cantinero que le sirva un trago más que quiere emborracharse para olvidarse de todo, ya no quiere saber de nada, ya la vida para él ya no tiene sentido.

- dónde estás corazón, porque te fuiste y me dejaste solo, ¿por qué, por qué?

Él exclamó mientras miraba al cielo, buscando respuesta alguna a sus inquietudes, su alma se podía notar que estaba tan seca de tanto llorar, él tomaba incontrolablemente mientras seguía sonando la canción que lo llenaba de recuerdo, que provocaba su tristeza en su corazón.

¡otro cantinero, otra ¡

Y ahí estaba sonando esa canción de Marco Antonio Solís.

"YO TE DEBO TANTO, tanto amor que ahora…

Printed by Books on Demand GmbH, Norderstedt / Germany